AF451703

MUSÉE PÉDAGOGIQUE

ET

BIBLIOTHÈQUE CENTRALE DE L'ENSEIGNEMENT PRIMAIRE.

MÉMOIRES

ET

DOCUMENTS SCOLAIRES

PUBLIÉS PAR LE MUSÉE PÉDAGOGIQUE.

Fascicule n° 47.

TEXTES DE COMPOSITIONS

DES EXAMENS ET CONCOURS

DE L'ENSEIGNEMENT PRIMAIRE EN 1887.

(CERTIFICATS D'APTITUDE AU PROFESSORAT DES ÉCOLES NORMALES.
CONCOURS D'ADMISSION AUX ÉCOLES NORMALES PRIMAIRES
SUPÉRIEURES. CERTIFICAT D'ÉTUDES PRIMAIRES SUPÉRIEURES.
BOURSES DE SÉJOUR À L'ÉTRANGER. ÉCONOMAT.)

PARIS.

IMPRIMERIE NATIONALE.

HACHETTE ET Cⁱᵉ,
ÉDITEURS,
Boulevard Saint-Germain, n° 79.

CH. DELAGRAVE,
ÉDITEUR,
Rue Soufflot, n° 15.

ALPHONSE PICARD,
ÉDITEUR,
Rue Bonaparte, n° 82.

DELALAIN FRÈRES,
ÉDITEURS,
Rue des Écoles, n° 56.

1887.

MÉMOIRES ET DOCUMENTS SCOLAIRES

PUBLIÉS PAR LE MUSÉE PÉDAGOGIQUE.

Sous le titre de **Mémoires et documents scolaires**, le Musée pédagogique publie, à intervalles irréguliers, des travaux ou documents intéressant l'instruction publique à ses divers degrés. Les fascicules suivants ont déjà paru et sont en vente, à Paris : aux bureaux de la *Revue pédagogique*, librairie Ch. Delagrave, rue Soufflot, n° 15 ; à la librairie Hachette, boulevard Saint-Germain, n° 79 ; chez Alphonse Picard, libraire, rue Bonaparte, n° 82, et à la librairie Delalain frères, rue des Écoles, n° 56.

Fascicule n° 1.

Le projet de loi sur l'organisation de l'enseignement primaire (1882-1884), recueil de documents parlementaires relatifs à la discussion de cette loi à la Chambre des députés. Un fort volume in-8° de XII-832 pages. Prix.. 6 fr.

Fascicule n° 2.

Une acquisition de la bibliothèque du Musée pédagogique : *Dialogus Jacobi Fabri Stapulensis in phisicam introductionem. Introductio in phisicam Aristotelis*; in-4°, imprimé en 1510 par Jean Haller, à Cracovie. Étude bibliographique et pédagogique, par L. Massebieau. (Extrait de la *Revue pédagogique*, numéro du 15 mai 1885.) Une brochure in-8°. Prix.... 50 cent.

Fascicule n° 3.

Répertoire des ouvrages pédagogiques du XVI° siècle (*Bibliothèques de Paris et des départements*). Un volume in-8° de 800 pages, imprimé à l'Imprimerie nationale. Prix..... 5 fr.

Fascicule n° 4.

Les sciences expérimentales dans l'enseignement primaire, par René Leblanc, (Extrait de la *Revue pédagogique*, numéros du 15 février et du 15 mai 1883, et numéro du 15 août 1885.) Une brochure in-8°. Prix.. 80 cent.

Fascicule n° 5.

Compte rendu officiel du Congrès international d'instituteurs et d'institutrices, tenu au Havre du 6 au 10 septembre 1885. Un volume in-8°. Prix........................ 2 fr.

Fascicule n° 6.

Règlements et programmes d'études des écoles normales d'instituteurs et des écoles normales d'institutrices. Un volume in-8°, imprimé à l'Imprimerie nationale. Prix........... 1ᶠ 25ᶜ

Fascicule n° 7.

Schola aquitanica : *Programme d'études du collège de Guyenne au XVI° siècle*, réimprimé avec une préface, une traduction française et des notes, par L. Massebieau. Un volume in-8°. Prix.. 1ᶠ 80ᶜ

Fascicule n° 8.

Instruction spéciale sur l'enseignement du travail manuel dans les écoles normales d'instituteurs et les écoles primaires élémentaires et supérieures. Un volume in-8°, imprimé à l'Imprimerie nationale. Prix.. 70 cent.

Fascicule n° 9.

Projet d'instruction pour l'installation d'écoles enfantines modèles. Un volume in-8°, imprimé à l'Imprimerie nationale. Prix.. 1 fr.

Fascicule n° 10.

Le projet de loi sur l'organisation de l'enseignement primaire (1886), recueil de documents parlementaires relatifs à la discussion de cette loi au Sénat (*1ʳᵉ délibération*). Un fort volume in-8° de 586 pages. Prix.. 3 fr.

Fascicule n° 11.

Le projet de loi sur l'organisation de l'enseignement primaire (1886), recueil de documents parlementaires relatifs à la discussion de cette loi au Sénat (*2° délibération*). Un volume in-8° de 391 pages. Prix.. 2 fr.

RECUEIL

DES

TEXTES DE COMPOSITIONS

DONNÉS

AUX EXAMENS ET CONCOURS

DE L'ENSEIGNEMENT PRIMAIRE

EN 1887.

ARRÊTÉ DU 7 FÉVRIER 1887.

Le Ministre de l'instruction publique et des beaux-arts

Arrête :

Article premier. Un relevé complet des sujets de compositions écrites donnés aux examens du brevet élémentaire, du brevet supérieur et du certificat d'aptitude pédagogique, ainsi qu'aux concours d'admission à l'École normale et aux bourses d'enseignement primaire supérieur, sera adressé, dans les quinze jours qui suivront la clôture de chaque session, au Recteur par les Inspecteurs d'académie.

Art. 2. Les Recteurs transmettront ces textes au Ministère, avec un rapport d'ensemble sur la marche des examens dans leur académie.

Art. 3. A la fin de chaque année, l'Administration centrale publiera un recueil complet des textes donnés pour les divers examens, par département, avec un extrait des rapports des Recteurs et une statistique des résultats des examens.

BERTHELOT.

AVIS.

—

Ce fascicule contient les sujets choisis par l'Administration centrale pour les examens et concours suivants :

I

EXAMENS

DU CERTIFICAT D'APTITUDE
À L'INSPECTION DES ÉCOLES MATERNELLES.

(17 mars 1887.)

PÉDAGOGIE.

(3 heures.)

***

En quoi l'école maternelle diffère-t-elle de l'ancienne salle d'asile? Expliquer ce qu'il faut entendre par ces mots : *école maternelle.*

***

HYGIÈNE.

(3 heures.)

***

Une directrice d'école maternelle écrit à Mme l'Inspectrice que des cas de rougeole commencent à se produire dans son établissement, et lui demande conseil. — Réponse de l'Inspectrice.

II

EXAMENS

DU CERTIFICAT D'APTITUDE

AU PROFESSORAT

DANS LES ÉCOLES NORMALES

ET DANS LES ÉCOLES PRIMAIRES SUPÉRIEURES.

—

23 juin (*Aspirantes*). — 3o juin (*Aspirants*).

ORDRE DES LETTRES.

I

Aspirants.

LITTÉRATURE OU GRAMMAIRE.
(4 heures.)

Apprécier la définition de l'histoire donnée par Fénelon dans sa lettre à l'Académie :

« C'est elle qui nous montre les grands exemples, qui fait servir les vices mêmes des méchants à l'instruction des bons, qui débrouille les origines, et qui explique par quel chemin les peuples ont passé d'une forme de gouvernement à une autre. »

HISTOIRE ET GÉOGRAPHIE.
(5 heures.)

I. Résumer l'histoire des protestants de France depuis l'avènement de Henri IV jusqu'à la mort de Louis XIV. Insister sur les conditions dans lesquelles l'édit de Nantes fut signé par l'un de ces rois et révoqué par l'autre.

II. Comment se distribuent entre les fleuves français les eaux de notre massif central (texte et croquis).

MORALE OU PSYCHOLOGIE.

(4 heures.)

De l'éducation des sens.

THÈME ANGLAIS[1].

Le courage que Claude Bernard montra dans ces luttes terribles contre un Protée qui semble vouloir défendre ses secrets fut quelque chose d'admirable. Ses ressources étaient chétives. Ces merveilleuses expériences, qui frappaient d'admiration l'Europe savante, se faisaient dans une sorte de cave humide, malsaine, où notre confrère contracta probablement le germe de la maladie qui l'enleva; d'autres se faisaient à Alfort ou dans les abattoirs. Ses expériences sur des chevaux furieux, imprégnés de tous les virus, étaient quelquefois effroyables. Le docteur Rayer venait de découvrir que la plus terrible maladie du cheval se transmet à l'homme qui le soigne. Bernard voulut étudier la nature de ce mal hideux. Dans une convulsion suprême, le cheval lui déchire le dessus de la main, le couvre de sa bave. «Lavez-vous vite, lui dit Rayer, qui était à côté de lui. — Ne vous lavez pas, lui dit Magendie, vous hâteriez l'absorption du virus.» Il y eut une seconde d'hésitation. «Je me lave, dit Bernard en mettant la main sous la fontaine, c'est plus propre.»

RENAN, *Discours de réception à l'Académie française.*

---

[1] Épreuve facultative jusqu'en 1888 (quatre heures sont accordées pour le thème et la version réunis).

VERSION ANGLAISE.

One fine morning in the full London season, Major Arthur Pendennis came over from his lodgings, according to his custom, to breakfast at a certain Club in Pall Mall, of which he was a chief ornament. At a quarter past ten, the Major invariably made his appearance in the best blacked boots in all London, with a checked morning cravat that never was rumpled until dinner time, a buff waistcoat which bore the crown of his sovereign on the buttons, and linen so spotless that Mr. Brummel himself asked the name of his laundress, and would probably have employed her had not misfortunes compelled that great man to fly the country. Pendennis's coat, his white gloves, his whiskers, his very cane, were perfect of their kind as specimens of the costume of a military man *en retraite*. At a distance, or seeing his back merely, you would have taken him to be not more than thirty years old : it was only by a nearer inspection that you saw the factitious nature of his rich brown hair, and that there were a few crowsfeet round about the somewhat faded eyes of his handsome mottled face. His hands and wristbands were beautifully long and white. On the latter he wore handsome gold buttons given to him by His Royal Highness the Duke of York, and on the others more than one elegant ring, the chief and largest of them being emblazoned with the famous arms of Pendennis.

THACKERAY.

THÈME ALLEMAND.

Observez de bonne heure le tempérament de votre fils, et cela lorsqu'il est le plus abandonné à lui-même, dans ses jeux,

quand il se croit hors de votre vue. Recherchez quelles sont ses
passions dominantes, ses goûts favoris : s'il est farouche ou doux,
hardi ou timide, compatissant ou cruel, ouvert ou réservé. En
effet, selon que ses inclinations différeront, vos méthodes devront
aussi différer, et votre autorité doit en quelque sorte s'ajuster sur
ses inclinations pour agir de différentes manières sur son esprit.
Ces tendances natives, ces dispositions prédominantes, il ne
s'agit pas de les traiter avec des règles fixes, surtout celles qui
sont les plus douces et les plus modérées, et qui dérivent de la
peur, d'une sorte de faiblesse d'esprit. On peut cependant les cor-
riger à force d'art et les tourner au bien. Mais, quoi que vous
fassiez, soyez-en certain, l'esprit penchera toujours du côté vers
lequel la nature l'a d'abord incliné.

Locke. Édition Compayré.

VERSION ALLEMANDE.

EURYKLEA ERKENNT ODYSSEUS.

Indess gedachte Odysseus plötzlich an etwas, das ihn mit Be-
sorgniss erfüllte. Noch ehe Penelope seine Gemahlin geworden
war, hatte ihn auf der Jagd ein wilder Eber am Knie schwer ver-
wundet, und es war eine Narbe zurückgeblieben, die Euryklea
wohl kannte, denn oftmals hatte sie ihm die Füsse gewaschen.
Da er nun fürchtete, die Narbe möchte ihn verrathen, stand er
auf, wandte den Sessel und setzte sich mit dem Rücken gegen
die Flamme des Herdes.

Dennoch entging der Alten die Narbe nicht, als sie beim
Waschen mit der flachen Hand über die Stelle fuhr. Freudiger
Schreck durchbebte ihr Herz, und sie liess den Fuss sinken.
Dadurch aber fiel das eherne Gefäss mit Geklirr um, und das
Wasser lief auf den Boden. Aus beiden Augen stürzten ihr Thrä-
nen, die Stimme versagte ihr den Dienst, und sie starrte ihren

lieben Herrn an. Endlich drangen die Worte aus ihrem Munde :
« Ja, du bist Odysseus, mein lieber Sohn, den ich von Jugend
auf pflegte, und nun erst erkannte, da ich mit meinen Händen
ihn betastete. »

Homer's Odyssee (Schmidt).

II

Aspirantes.

LITTÉRATURE.

(4 heures.)

Comparer, d'après les parties de leurs ouvrages que vous avez
étudiées, Montaigne, Pascal et Labruyère envisagés comme mo-
ralistes.

HISTOIRE ET GÉOGRAPHIE.

(5 heures.)

I. Résumer à grands traits l'histoire de la Provence depuis
l'invasion des Barbares jusqu'au commencement de ce siècle.

II. Décrire, en les comparant, la côte européenne et la côte
africaine de la Méditerranée. (Joindre un croquis.)

MORALE OU PSYCHOLOGIE.

(4 heures.)

Du penchant à l'imitation, considéré particulièrement chez l'enfant. Parti qu'on peut en tirer dans l'éducation. Excès à éviter.

THÈME ANGLAIS.

ENFANCE DE CHARLES XII, ROI DE SUÈDE.

Dès qu'il eut quelque connaissance de la langue latine, on lui fit traduire Quinte-Curce : il prit pour ce livre un goût que le sujet lui inspirait beaucoup plus encore que le style. Celui qui lui expliquait cet auteur lui ayant demandé ce qu'il pensait d'Alexandre : « Je pense, dit le prince, que je voudrais lui ressembler. — Mais, lui dit-on, il n'a vécu que trente-deux ans. — Ah ! reprit-il, n'est-ce pas assez quand on a conquis des royaumes ? » On ne manqua pas de rapporter ces réponses au roi son père, qui s'écria : « Voilà un enfant qui vaudra mieux que moi et qui ira plus loin que le grand Gustave. » Un jour, il s'amusait dans l'appartement du roi à regarder deux cartes géographiques, l'une d'une ville de Hongrie prise par les Turcs sur l'empereur, et l'autre de Riga, capitale de la Livonie, province conquise par les Suédois depuis un siècle. Au bas de la carte de la ville hongroise, il y avait ces mots tirés du livre de Job : « Dieu me l'a donnée, Dieu me l'a ôtée ; le nom du Seigneur soit béni ! » Le jeune prince, ayant lu ces paroles, prit sur le champ un crayon et écrivit au bas de la carte de Riga : « Dieu me l'a donnée, le diable ne me l'ôtera pas. »

VOLTAIRE.

VERSION ANGLAISE.

———

« There was, » says Charles Dickens, « a school in the Hamp-stead-road kept by Mr. Jones, a Welshman, to which my father dispatched me to ask for a card of terms. The boys were at dinner, and Mr. Jones was carving for them, with a pair of holland sleeves on, when I acquitted myself of this commission. He came out, and gave me what I wanted; and hoped I should become a pupil. I did. At seven o'clock one morning, very soon afterwards, I went as a day scholar to Mr. Jones's establishment. There was a board over the door graced with the words WELLINGTON HOUSE ACADEMY. »

At Wellington house academy he remained nearly two years, being a little over fourteen years of age when he quitted it. In a paper first printed in *Household Words*, Dickens describes the school as remarkable for white mice. He says that linnets, and even canaries, were kept by the boys in desks, drawers, hat-boxes, and other strange refuges for birds; but that white mice were the favourite stock, and that the boys trained the mice much better than the master trained the boys. He recalled in particular one white mouse who lived in the cover of a Latin dictionary, ran up ladders, drew Roman chariots, shouldered muskets, and who might have achieved greater things but for having had the misfortune to mistake his way in a triumphal procession to the Capitol, when he fell into a deep inkstand, and was dyed black and drowned.

FORSTER's Life of Charles Dickens.

THÈME ALLEMAND.

LA CURIOSITÉ DES ENFANTS.

La curiosité des enfants est un penchant de la nature, qui va comme au-devant de l'instruction; ne manquez pas d'en profiter. Par exemple, à la campagne, ils voient un moulin, et ils veulent savoir ce que c'est; il faut leur montrer comment se prépare l'aliment qui nourrit l'homme. Ils aperçoivent des moissonneurs, et il faut leur expliquer ce qu'ils font, comment on sème le blé et comment il se multiplie dans la terre. A la ville, ils voient des boutiques où s'exercent plusieurs arts et où l'on vend diverses marchandises. Il ne faut jamais être importuné de leurs demandes; ce sont des ouvertures que la nature vous offre pour faciliter l'instruction : témoignez y prendre plaisir; par là, vous leur enseignerez insensiblement comment se font toutes les choses qui servent à l'homme et sur lesquelles roule le commerce. Peu à peu, sans étude particulière, ils connaîtront la bonne manière de faire toutes ces choses qui sont de leur usage et le juste prix de chacune, ce qui est le vrai fond de l'économie.

Fénelon,

VERSION ALLEMANDE.

NAUSIKAA.

Als Nausikaa das anmuthige Ufer des Stromes erreicht hatte, lösten die Mägde den Maulthieren die Fesseln, damit sie sich im üppigen Grase erquicken könnten. Dann trugen die Jungfrauen die Gewänder in Höhlungen, die beständig von klarem Gewässer durchflossen wurden, stampften sie mit den Füssen und breiteten sie darnach auf dem reinen kiesigen Ufer der Reihe nach aus, damit die Sonne sie trockne. Nun stiegen sie ins Bad. Als sie sich darauf mit duftendem Öle gesalbt und mit den Gewändern wieder umhüllt hatten, nahmen sie fröhlichen Herzens auf dem grünen Rasen das Mahl. Dann ergötzten sie sich an dem Ballspiel, und Nausikaa erhob dabei ihre Stimme zum lieblichen Gesange.

Nachdem die Fürstin und die Mägde sich genugsam an Spiel und Gesang erfreut hatten, gedachten sie der Heimkehr. Einige trugen die Gewänder herbei, andere schirrten die Maulthiere an den Wagen. Da erhob Nausikaa lachenden Gesichtes noch einmal den Ball und warf ihn nach einer der Mägde; aber sie verfehlte ihr Ziel, und der Ball flog weit in den Strudel hinein, worüber die Jungfrauen in ein fröhliches Gekreisch ausbrachen.

Homer's Odyssee (Schmidt).

ORDRE DES SCIENCES.

I

Aspirants.

MATHÉMATIQUES.

(4 heures.)

1° Démontrer que, k étant un nombre premier avec m, si l'on divise par m les $m-1$ multiples de k,

$$k, \quad 2k, \quad 3k, \dots \dots \dots \dots \quad (m-1)k,$$

les restes sont, dans un certain ordre, les $m-1$ premiers nombres

$$1, \quad 2, \quad 3,\ldots\ldots\ldots\ldots\ldots\ldots m-1.$$

2° Démontrer que, dans un triangle, la somme des carrés de deux côtés est égale à deux fois le carré de la médiane relative au troisième côté, plus deux fois le carré de la moitié de ce troisième côté. — Comme application, on demande de calculer les longueurs a, b, c des trois côtés d'un triangle connaissant les longueurs α, β, γ des trois médianes.

3° Chercher les valeurs de x qui satisfont à l'inégalité

$$\frac{x}{x-a} - \frac{2a}{x+a} > \frac{8a^2}{x^2-a^2}.$$

PHYSIQUE OU CHIMIE ET SCIENCES NATURELLES.

(5 heures.)

I. Indiquer les expériences et les faits d'observation qui ont permis aux physiciens d'expliquer le phénomène de la *rosée*.

II. Fonction chlorophyllienne. — Fixation du carbone par les végétaux.

DESSIN GÉOMÉTRIQUE [1].

1° Faire en un croquis coté, et sur papier mesurant $0^m,24 \times 0^m,16$, le relevé du modèle portant le n° 20 de la collection réduite choisie pour les écoles normales (circulaire du

---

[1] Six heures sont accordées pour les compositions de dessin géométrique et de dessin d'ornement réunies.

1ᵉʳ mai 1883) et intitulé : *Frise et architrave de l'ordre dorique* (Théâtre de Marcellus, à Rome).

2° Donner, en se servant du croquis exécuté dans la précédente épreuve, le plan, la coupe et l'élévation du même modèle à l'échelle de 0ᵐ,20 pour un mètre.

Ce dernier dessin sera exécuté au trait, à l'encre de Chine, sur une feuille 1/4 grand aigle.

DESSIN D'ORNEMENT.

Dessiner le modèle portant le n° 2777 du catalogue de l'École des beaux-arts (n° 22 de la collection réduite choisie pour les écoles normales primaires; circulaire du 1ᵉʳ mai 1883) et intitulé :

Feuille d'acanthe du Temple de Mars Vengeur.

Le dessin devra être exécuté sur papier blanc, format 1/2 raisin (demi-feuille Ingres).

COMPOSITION

SUR UN SUJET DE MORALE OU D'ÉDUCATION.

(4 heures.)

Comparer l'étude des sciences mathématiques à celle des sciences physiques et naturelles au point de vue du développement des facultés chez l'enfant.

II.

Aspirantes.

MATHÉMATIQUES.

(4 heures.)

1° Démontrer que, pour diviser un nombre entier par un produit de plusieurs facteurs, on peut diviser ce nombre successivement par chacun des facteurs du produit.

2° Expliquer comment on pourra calculer $\sqrt{37 - \sqrt{19}}$ à 0,01 près par défaut, et effectuer les calculs numériques.

3° Dans un carré ABCD on trace l'arc de circonférence dont

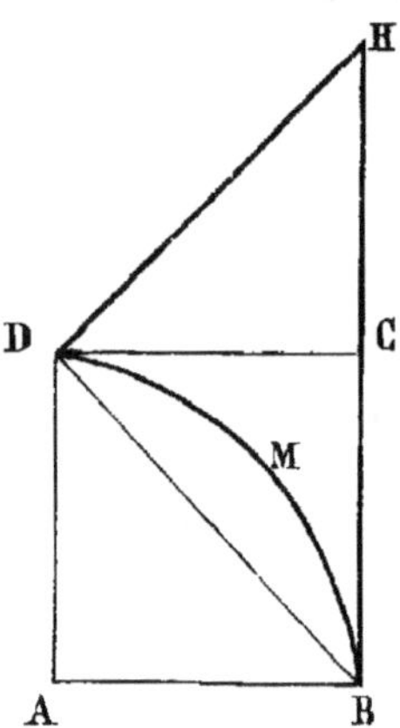

le centre est le sommet A et dont les extrémités sont les points B et D ; on joint BD ; on prolonge BC d'une longueur CH égale à BC ; on joint DH ; enfin on fait tourner la figure autour de AB. Représentant par R la longueur AB, on demande : 1° l'expression de la surface engendrée par le périmètre de la figure BHDMB formée des deux parties droites BH et HD et de la partie courbe DMB ; 2° les expressions des volumes engendrés par les surfaces suivantes : triangle ABD, segment DMB, surface DMBC, triangle DCH.

PHYSIQUE OU CHIMIE ET SCIENCES NATURELLES.

(5 heures).

I. — Le thermomètre. — Sa construction. — Ses principaux usages.

II. — Étudier la fleur chez les végétaux au point de vue de l'origine de ses verticilles.

DESSIN GÉOMÉTRIQUE[1].

1° Faire en un croquis coté, et sur papier mesurant $0^m,24 \times 0^m,16$, le relevé du modèle portant le n° 2770 du catalogue de l'École des beaux-arts (n° 19 de la collection réduite choisie pour les écoles normales; circulaire du 1ᵉʳ mai 1883) et intitulé : *Corniche de l'ordre dorique* (Théâtre de Marcellus, à Rome).

2° Donner, en se servant du croquis exécuté dans la précédente épreuve, le plan et l'élévation du même modèle à l'échelle de $0^m,25$ pour un mètre.

Ce dernier dessin sera exécuté au trait, à l'encre de Chine, sur une feuille 1/4 grand aigle.

---

[1] Six heures sont accordées pour les compositions de dessin géométrique et de dessin d'ornement réunies.

DESSIN D'ORNEMENT.

Dessiner le modèle portant le n° 2936 du catalogue de l'École nationale des Beaux-Arts (n° 24 de la collection réduite choisie pour les écoles normales primaires) et intitulé :

Rosace Renaissance.

Le dessin devra être exécuté sur papier blanc, format 1/2 raisin (demi-feuille Ingres).

COMPOSITION

SUR UN SUJET DE MORALE OU D'ÉDUCATION.

(4 heures.)

Dans quel esprit l'enseignement de l'hygiène doit-il être donné à l'École normale d'institutrices? Quelle part faut-il faire à cet enseignement?

III

EXAMENS

DU CERTIFICAT D'APTITUDE

À L'ENSEIGNEMENT DU DESSIN

DANS LES ÉCOLES NORMALES

ET LES ÉCOLES PRIMAIRES SUPÉRIEURES.

(6 juillet 1887.)

Sujets communs aux aspirants et aux aspirantes.

ÉPREUVE DE RELEVÉ GÉOMÉTRAL
ET DE PERSPECTIVE.

(4 heures.)

Faire le relevé géométral et la mise en perspective du modèle portant le n° 11 de la collection réduite des écoles normales (circulaire du 1ᵉʳ mai 1883) et le n° 2872 du catalogue de l'École nationale des beaux-arts, et intitulé :

PARTIE D'ANTE.

1° Croquis coté.

Faire en un croquis exécuté à main levée, au crayon, le relevé géométral du modèle ci-dessus désigné.

Ce croquis sera exécuté sur une feuille 1/16ᵉ grand aigle, c'est-à-dire mesurant 0ᵐ,12 sur 0ᵐ,15 environ. Il comportera les plan, coupe et élévation strictement nécessaires pour faire connaître complètement le modèle.

Le croquis sera épinglé ou collé sur la feuille de mise au net.

2° Mise au net.

Exécuter au trait, sur une partie d'une feuille 1/4 grand aigle, à une échelle suffisamment grande, la mise au net du croquis précédent.

3° Perspective.

Exécuter sur la partie réservée de la feuille 1/4 grand aigle, en se servant du relevé géométral, la mise en perspective du même modèle, qui devra couvrir le tiers environ de ladite feuille.

(Les aspirants ne devront pas donner une vue de front de l'objet. La corniche de l'ante sera placée au-dessus de la ligne d'horizon.

Pour toutes les autres données, la plus grande latitude est laissée aux candidats. On rappelle, en effet, que du choix apporté dans la position du tableau et du point de vue dépend en grande partie le bon aspect du dessin.)

Nota. La seconde partie de l'épreuve (perspective) doit être, autant que possible, exécutée au trait à l'encre de Chine (sans les ombres).

Néanmoins, si le temps fait défaut, un dessin bien arrêté, au crayon, pourra être accepté avec les mêmes chances de succès.

Les principales lignes de construction doivent être conservées, de façon à bien mettre en évidence la méthode employée par le candidat.

RÉDACTION.

(2 heures.)

Des avantages de l'enseignement collectif du dessin, et de l'organisation de cet enseignement dans les écoles primaires.

ÉPREUVE DE DESSIN À VUE D'UN ORNEMENT

EN RELIEF.

(4 heures.)

Dessiner le modèle ci-après désigné, portant le n° 1075 du catalogue de l'École nationale des beaux-arts et faisant partie de la collection des lycées :

Ornement courant du temple des Dioscures.

Ce dessin devra être fait au crayon sur une feuille de papier Ingres blanc, mesurant 0^m,45 sur 0^m,32 environ.

ÉPREUVE DE DESSIN D'APRÈS UN BUSTE.

(4 heures.)

———

Dessiner le buste ci-après désigné, portant le n° 1451 du catalogue de l'École nationale des beaux-arts et faisant partie de la collection des lycées :

Agrippa.

Ce dessin devra être fait au crayon sur une feuille de papier Ingres blanc, mesurant 0^m,45 sur 0^m,32 environ.

IV

EXAMENS D'ADMISSION

À L'ÉCOLE NORMALE PRIMAIRE SUPÉRIEURE

DE SAINT-CLOUD.

(7 juillet 1887.)

1

ORDRE DES LETTRES.

LITTÉRATURE OU GRAMMAIRE.

(4 heures.)

Du rôle et de l'utilité des exemples dans l'étude de la grammaire à l'école primaire. — Comment pensez-vous qu'ils doivent être choisis?

PÉDAGOGIE OU MORALE.

(4 heures.)

D'où vient, chez l'écolier, le défaut d'attention? Quels sont ses effets? Comment y remédier?

HISTOIRE ET GÉOGRAPHIE.

(4 heures.)

I. Les traités de 1814 et de 1815. — État général de l'Europe après les traités de 1815. — Insister sur la situation de la France.

II. Croquis et description de la frontière actuelle de la France de Dunkerque à Belfort.

VERSION ANGLAISE [1].

To Mr. Pope.

Vienna, January 16, 1717.

I have not time to answer your letter, being in the hurry of preparing for my journey; but, I think, I ought to bid adieu to my friends with the same solemnity, as if I was going to mount a breach, at least, if I am to believe the information of the people here, who denounce all sorts of terrors to me; and, indeed, the weather is at present such, as very few ever set out in. I am threatened, at the same time, with being frozen to death, buried in the snow, and taken by the Tartars, who ravage that part of Hungary I am to pass. 'Tis true, we shall have a considerable escort, so that possibly I may be diverted with a new scene, by finding myself in the midst of a battle. How my adventures will conclude, I leave entirely to Providence; if comically, you shall hear of them.

Pray be so good as to tell **Mr. D.** I have received his letter. If I live, I will answer it. The same compliment to my **Lady R.**

LADY MONTAGUE.

---

[1] Trois heures sont accordées pour le thème et la version réunis.

THÈME ANGLAIS.

Nous couchâmes à Dueñas la première journée, et nous arri-
vâmes la seconde à Valladolid, sur les quatre heures de l'après-
midi. Nous descendîmes à une hôtellerie qui me parut être des
meilleures de la ville. Je laissai le soin des mules à mon valet
et montai dans une chambre, où je fis porter ma valise par un
garçon du logis. Comme je me sentais un peu fatigué, je me jetai
sur mon lit sans ôter mes bottines, et je m'endormis insensiblement. Il était presque nuit lorsque je me réveillai. J'appelai Am-
broise. Il ne se trouva point dans l'hôtellerie; mais il arriva
bientôt. Je lui demandai d'où il venait : il me répondit d'un air
pieux qu'il sortait d'une église où il était allé remercier le ciel de
nous avoir préservés de tout mauvais accident depuis Burgos jusqu'à Valladolid. J'approuvai son action; ensuite je lui ordonnai
de faire mettre à la broche un poulet pour mon souper.

Le Sage.

VERSION ALLEMANDE.

L'ENFANCE DE CARNOT.

Carnot war 1753 zu Nolay, einem kleinen Städtchen der Bour-
gogne, geboren, Sohn eines mit achtzehn Kindern gesegneten
Advokaten, in schlichten Verhältnissen und sorgfältiger Erzie-
hung herangewachsen. Seinen militärischen Sinn verrieth er
schon als zehnjähriger Knabe, indem er im Theater zu Dijon bei
dem Anblicke eines kriegerischen Schauspiels, zu groszer Erhei-
terung des Publikums, die Aufführung durch heftiges Rufen un-
terbrach, man solle die Soldaten und die Kanonen anders

DESSIN GÉOMÉTRIQUE ET D'ORNEMENT.

(4 heures.)

1° Construire un cadre de 250 millimètres de long sur 200 de large avec une marge de 20 millimètres sur les quatre côtés.

2° Au centre de ce cadre, décrire un cercle de 30 millimètres de rayon et l'entourer de six autres cercles de 30 millimètres de rayon.

3° Envelopper toute la figure par un cercle de 90 millimètres de rayon.

4° Construire un hexagone régulier dans le cercle central et le décomposer en six triangles équilatéraux.

5° Composer avec la plume à dessin six petits ornements symétriques dans l'hexagone.

6° Passer une teinte grise dans les douze triangles curvilignes situés entre les cercles.

7° Mettre le titre : *Composition* en lettres capitales maigres, en haut dans la marge, et le nom du candidat en petites lettres romaines, en bas, à droite, également dans la marge.

COMPOSITION DE LANGUES VIVANTES.

(3 heures.)

Mêmes sujets que pour l'ordre des lettres.

PÉDAGOGIE OU MORALE.

(4 heures.)

Même sujet que pour l'ordre des lettres.

V

CONCOURS POUR L'ADMISSION
À L'ÉCOLE PAPE-CARPANTIER.

—

(9 juillet 1887.)

PREMIÈRE COMPOSITION.

ARITHMÉTIQUE.

(4 heures.)

I. Théorie de la division des fractions ordinaires.

II. Un capital inconnu vaut au bout de 7 ans 10,880 francs, capital et intérêts réunis. Le même capital, placé au même taux, pendant 12 ans, vaut au bout de ce temps 12,580 francs, capital et intérêts réunis.

On demande quel est le capital placé et le taux de l'intérêt?

DEUXIÈME COMPOSITION.

COMPOSITION FRANÇAISE.

(DEUX PARTIES.)

(4 heures.)

I. Expliquer pourquoi nous avons tant de peine à bien écrire dans notre propre langue.

II. Expliquer brièvement, quant au sens et à la grammaire, les vers de La Fontaine qui suivent :

Il se faut entr'aider, c'est la loi de nature.
L'Âne, uu jour, pourtant s'en moqua :
Et ne sais comme il y manqua,
Car il est bonne créature.

(Livre VIII, fable xvii.)

N. B. — *On s'abstiendra de l'explication morale. Le commentaire grammatical ne portera que sur les mots et les constructions dignes de remarque.*

VI

EXAMENS D'ADMISSION

À L'ÉCOLE NORMALE PRIMAIRE SUPÉRIEURE

D'INSTITUTRICES DE FONTENAY-AUX-ROSES.

(Aspirantes au certificat d'aptitude au professorat des écoles normales.)

(18 juillet 1887.)

1

ORDRE DES LETTRES.

LITTÉRATURE ET GRAMMAIRE.

(4 heures.)

I. Expliquer, quant à la forme grammaticale, à la versification, au tour littéraire, les vers de La Fontaine qui suivent :

> Chacun a son défaut où toujours il revient :
> Honte ni peur n'y remédie.
> Sur ce propos, d'un conte il me souvient :
> Je ne dis rien que je n'appuie
> De quelque exemple.

II. Entre toutes les qualités du style, nommez-en deux (la correction mise à part) qui vous semblent devoir être cultivées de préférence.

PÉDAGOGIE OU MORALE.

(4 heures.)

Des qualités que doit avoir un bon *livre de lectures* à l'école primaire.

HISTOIRE ET GÉOGRAPHIE.

(4 heures.)

I. De toutes les entreprises extérieures de la France, au XIXᵉ siècle, dire quelle est celle qui vous paraît lui avoir procuré le plus de profit et d'honneur.

II. Indiquer sommairement à quelles dates et dans quelles circonstances ont été réunies au domaine royal les provinces littorales de la France.

VERSION ANGLAISE [1].

THE EARL OF CHESTERFIELD TO HIS SON.

I had a letter by last post from Mr. Mackaire in which he tells me that your Greek grammar goes on pretty well, but that you do not retain Greek words, without which your Greek rules will be of very little use. This is not want of memory, I am sure, but want of attention, for all people remember whatever they attend to. They say that great wits have short memories; but I say that only fools have short ones; because they are incapable of attention, at least to anything that deserves it, and then they complain of want of memory. It is astonishing to me that you have not an ambition to excel in every thing you do; which, by attention to each thing and to no other at that time, you might easily bring about.

[1] Trois heures sont accordées pour le thème et la version réunis.

VERSION ALLEMANDE.

Das wahre und sichere Glück des Lebens liegt nicht auszer
uns, sondern in uns; nicht in den Goldkisten, nicht in dem
Adelsbriefe, nicht in dem schäumenden Pokal, sondern im ruhigen
und reinen Herzen. Wer seine Ruhe im Reichthum oder in einem
hohen Stande sucht, findet sie nicht. Selbst auf dem Thron sitzt
sie nur für den, der sie auf den Thron mitbringt. Nur der,
welcher seine Wünsche auf das beschränkt, was Natur und Fleisz
ihm gewähren, nur der hat Ruhe und einen für die Freuden des
Lebens offenen Sinn. Sanfter Schlummer besucht sein Lager;
mit leichtem Herzen wacht er am Morgen auf, begrüszt die wie-
derkehrende Sonne, und erfüllt fröhlich die Pflichten des
Tages.

(D'après Hebel.)

THÈME ANGLAIS ET ALLEMAND.

Les différentes races des animaux domestiques suivent dans les
différents climats le même ordre, ou à peu près, que les races hu-
maines; ils sont, comme les hommes, plus forts, plus grands et
plus courageux dans les pays froids; plus civilisés, plus doux
dans les climats tempérés; plus lâches, plus faibles et plus laids
dans les climats trop chauds; c'est encore dans les climats
tempérés et chez les peuples les plus policés que se trouvent la
plus grande diversité, le plus grand mélange et les plus nom-
breuses variétés dans chaque espèce.

Buffon.

II

ORDRE DES SCIENCES.

MATHÉMATIQUES.

(4 heures.)

I. A l'intérieur d'un terrain circulaire se trouve un étang circulaire concentrique. La surface comprise entre les deux circonférences est de 15 hectares 45. Les rayons des deux cercles sont proportionnels à 12 et à 9. Calculer ces rayons.

II. Démontrer que, pour qu'un nombre soit divisible par le produit de deux nombres entiers premiers entre eux, il faut et il suffit qu'il soit divisible séparément par chacun de ces nombres.

Trouver le plus petit nombre séparément divisible par 217 et 247.

PHYSIQUE OU CHIMIE ET HISTOIRE NATURELLE.

(4 heures.)

I. La pression de l'air dans le récipient d'une machine pneumatique à un seul corps de pompe est de $0^m,76$ de mercure. La capacité de ce récipient est de 5 litres; celle du corps de pompe est de 2 litres. On demande :

1° D'expliquer clairement comment le jeu de la machine peut amener la raréfaction de l'air dans le récipient ;

2° D'appliquer le raisonnement au calcul de la pression de l'air dans le récipient après deux coups de piston.

On ne tiendra pas compte de la capacité du tuyau de communication des corps de pompe au récipient.

II. Les phénomènes chimiques de la digestion.

DESSIN GÉOMÉTRIQUE ET D'ORNEMENT.

(4 heures.)

Faire un dessin-épure, à l'aide des instruments de précision et à l'encre de Chine, représentant la mise en perspective d'une *pyramide quadrangulaire* avec son ombre propre et son ombre portée.

La base du carré aura $0^m,08$, la hauteur du solide à partir de la ligne de terre, $0^m,12$.

COMPOSITION DE LANGUES VIVANTES.

(3 heures.)

(*Même sujet que pour l'ordre des lettres.*)

PÉDAGOGIE OU MORALE.

(4 heures.)

(*Même sujet que pour l'ordre des lettres.*)

VII

EXAMENS

POUR L'OBTENTION DU CERTIFICAT

D'ÉTUDES PRIMAIRES SUPÉRIEURES.

———

(21 juillet 1887.)

I

Aspirants.

COMPOSITION FRANÇAISE.

(3 heures.)

Trois jeunes gens d'environ seize ans, amis d'enfance sortis du même village, se retrouvent après deux années de séparation.

L'un achève son apprentissage chez un industriel.

L'autre est encore élève au collège du chef-lieu.

Le troisième sort de l'école primaire supérieure avec le certificat d'études. Ils se racontent ce qu'ils sont devenus depuis leur séparation; ils échangent leurs impressions, leurs souvenirs, leurs espérances, leurs projets.

Faites la lettre que l'un des trois, *à votre choix*, écrit le lendemain à son père, en lui rendant compte de cette conversation et des réflexions qu'elle lui a inspirées.

HISTOIRE ET GÉOGRAPHIE.

(3 heures.)

Les colonies actuelles de la France; leur origine. — Cartes à l'appui.

MATHÉMATIQUES

ET SCIENCES PHYSIQUES ET NATURELLES.

(3 heures.)

I. Des omnibus partent d'une même station sur trois directions différentes. Ceux de la première ligne reviennent à leur point de départ au bout de 2 heures 10 minutes et séjournent 20 minutes à la station; ceux de la deuxième ligne reviennent au bout de 1 heure 48 minutes et séjournent 12 minutes; enfin ceux de la troisième ligne reviennent au bout de 1 heure 36 minutes et séjournent 4 minutes. Ceci posé, trois omnibus partent en même temps de la station commune le lundi matin, à sept heures, un dans chaque direction. On demande à quelle heure ils repartiront ensemble de la même station.

II. Divers modes de reproduction des végétaux. — Graines, boutures, greffes. — Différents genres de greffe.

ÉPREUVE DE DESSIN D'ORNEMENT.

(3 heures.)

Dessiner le modèle portant le n° 1096 du catalogue de l'École des Beaux-Arts (n° 14 de la collection réduite choisie pour les écoles normales primaires; circulaire du 1ᵉʳ mai 1883), et intitulé :

Frise du Capitole (fragment n° 1).

Le dessin devra être exécuté sur papier Ingres blanc, mesurant 0ᵐ,45 sur 0ᵐ,32.

II

Aspirantes.

—

COMPOSITION FRANÇAISE.

(3 heures.)

—

Une jeune fille qui sort d'une école primaire supérieure avec le certificat d'études, écrit à une amie qu'hier ses parents, après l'avoir interrogée, après avoir pris conseil de quelques amis, ont délibéré sur une grave question : savoir quelle carrière on lui ferait suivre.

On a examiné les avantages et les inconvénients de divers emplois dans le commerce, dans l'industrie, dans l'enseignement. Et finalement, la famille a opté conformément à la demande de la jeune fille.

Elle fait connaître à son amie la profession qu'elle a décidé d'embrasser et les motifs de ses préférences.

HISTOIRE ET GÉOGRAPHIE.

(3 heures.)

—

Même sujet que pour les aspirants.

MATHÉMATIQUES

ET SCIENCES PHYSIQUES ET NATURELLES.

(3 heures.)

I. La distance de Paris à Limoges, par le chemin de fer d'Orléans, est de 400 kilomètres, et celle de Paris à Vierzon, sur la même ligne, est de 200 kilomètres. Un train omnibus part de Paris à 2 h. 30 m. du soir et un train express à 7 h. 40 m. Le premier arrive à Vierzon à 8 h. 37 m. et le second à 10 h. 56 m. En supposant leurs vitesses uniformes, le train express atteindra-t-il le train omnibus avant Limoges; et, dans ce cas, en quel point de la ligne et à quelle heure le train omnibus aura-t-il dû être garé?

II. Conservation des matières alimentaires.

ÉPREUVE DE DESSIN D'ORNEMENT.

(3 heures.)

Même sujet que pour les aspirants.

VIII

EXAMENS

DU CERTIFICAT D'APTITUDE

À LA DIRECTION

DES ÉCOLES NORMALES D'INSTITUTRICES.

———

(21 juillet 1887.)

PÉDAGOGIE.

(5 heures.)

Examiner, en l'appliquant aux écoles normales d'institutrices, cette maxime : « La chose inappréciable entre toutes dans l'éducation, c'est la formation de la personnalité morale. »

ADMINISTRATION SCOLAIRE.

(5 heures.)

De la nouvelle constitution du conseil départemental.

En apprécier le caractère.

Conseils à donner aux institutrices sur le rôle qu'elles doivent y jouer.

IX

EXAMENS

DU CERTIFICAT D'APTITUDE

À L'ENSEIGNEMENT DES LANGUES VIVANTES

DANS LES ÉCOLES NORMALES

ET LES ÉCOLES PRIMAIRES SUPÉRIEURES.

———

(22 juillet 1887.)

VERSION ALLEMANDE[1].

Der Lehrton.

Für die Kleinen, die bisher im häuslichen Kreise von der mütterlichen Liebe und der väterlichen Herzlichkeit spielend belehrt worden sind, eignet sich von Seiten des Lehrers, wenn er nicht in krassen Gegensatz zu den vorigen Gewohnheiten und Umgebungen des Kindes treten will, auch nur der zutrauliche Ton der Liebe und Herzlichkeit. Dieser Ton läßt sich aber nicht lehren; man kann ihn nur Vätern und Müttern ablauschen und wird ihn nur treffen, wenn man von einem reinen Gefühl für Kindesunschuld und Kindesfrieden durchdrungen ist. Dann wird man schon den Ernst der Sache in das Gewand der Liebe zu kleiden, Freundlichkeit in Blick und Rede, Herzlichkeit in den Ausdruck zu legen und durch zartes Anschmiegen an das kindliche Denken, Fühlen und Wollen Zutrauen und Gegenliebe zu erwecken wissen.

Bei den Größern, die, wenn man sagen darf, schon in der Schule eingebürgert sind, gestaltet sich die Sache etwas anders. Die an das Kindliche streifende, herablassende Liebe wird bald dem gleichmäßigen Ernste, aus dem jedoch immer noch die Grundstimmung der Freundlichkeit hervorschimmert, weichen müssen. Es möchte sonst das Lernen auch in der Schule nur Spiel bleiben und eine Scheu vor wirklicher Anstrengung sich einschleichen; es würde auch die kindliche Fröhlichkeit in knabenhaften Muthwillen ausarten.

Daß die Kinder verschiedener Stufen die verschiedene Behandlung des Lehrers merken, davon braucht man nichts Schlimmes zu fürchten. Die Größern fühlen sich erhoben und geehrt, daß der Lehrer sie einer ernsten Behandlung würdigt, die Kleinen aber geschmeichelt, daß der Lehrer gerade so zu ihnen spricht und mit ihnen umgeht, wie Vater und Mutter; beide sind es am Ende zu Hause nicht anders gewohnt, als daß ein Unterschied gemacht wird.

Fr. Harder (Handbuch für den Anschauungsunterricht).

---

[1] Quatre heures sont accordées pour les deux épreuves de version et de thème réunies. L'usage du dictionnaire n'est pas autorisé.

VERSION ANGLAISE.

ADAM BEDE REVISITS BARTLE MASSEY'S NIGHT–SCHOOL.

It was a sort of scene which Adam had beheld almost weekly for years; he knew by heart every arabesque flourish in the framed and glazed specimen of Bartle Massey's handwriting which hung over the schoolmaster's head, by way of keeping a lofty ideal before the minds of his pupils; he knew the backs of all the books on the shelf running along the whitewashed wall above the pegs for the slates; he knew exactly how many grains were gone out of the ear of Indian corn that hung from one of the rafters; and from the place where he sat, he could make nothing of the old map of England that hung against the opposite wall, for age had turned it of a fine yellow-brown.

The reading class, now seated on the form in front of the schoolmaster's desk, consisted of the three most backward pupils. Adam would have known it, only by seeing Bartle Massey's face as he looked over his spectacles, which he had shifted to the ridge of his nose, not requiring them for present purposes. The face wore its mildest expression : the grizzled bushy eyebrows had taken their more acute angle of compassionate kindness, and the mouth, habitually compressed with a pout of the lower lip, was relaxed so as to be ready to speak a helpful word or syllable in a moment. This gentle expression was the more interesting, because the schoolmaster's nose, an irregular aquiline twisted a little on one side, had rather a formidable character; and his brow, moreover, had that peculiar tension which always impresses one as a sign of an impatient temperament : the blue veins stood out like cords under the transparent yellow skin, and this intimidating brow was softened by no tendency to baldness, for the grey bristly hair, cut down to about an inch in length, stood round it in as close ranks as ever.

George Eliot.

VERSION ITALIENNE.

LA LETTURA.

La lettura non solo è un potentissimo mezzo di sviluppare il giudizio e la riflessione; ma è l'unico strumento col quale possono i giovanetti continuare la loro istruzione, anche allor quando abbandonate le scuole sono costretti ad appigliarsi alle arti ed all'industria per procacciarsi il sostentamento quotidiano. L'insegnamento quindi della lettura nelle scuole non deve già essere fatto per sè come ultimo fine, ma come mezzo de sviluppo intellettuale e specialmente del giudizio. I giovanetti non debbono leggere semplicemente per acquistar facilità più o meno pronta a rilevare sillabe e parole, come si praticò finora in moltissime scuole, ma per capire il valore delle singole di esse ed il significato delle proposizioni e frasi sia staccate che unite per il senso generale. I libri di lettura perciò debbono essere scelti con molto discernimento, affinchè giovino : 1° a dare istruzioni dilettevoli confacenti all' età dei giovanetti e che possano facilmente coll' aiuto del maestro essere comprese e ritenute; 2° a formare il cuore in quella che arricchiscono la mente di utili cognizioni; 3° ad invogliare e disporre i giovanetti a proseguire di per sè l'istruzione col mezzo dei libri.

DELFINO PAOLO.

VERSION ESPAGNOLE.

GRANDEZA Y MISERIA.

Mi buen amigo, tu ves mi casa, mi tren y mis criados : oyes sin duda hablar de mis funciones y festines; considerasme el mortal mas feliz de la tierra; crees que la abundancia reina en torno de mi; sí, amigo mio, reina, pero es para los que me rodean; el mas miserable de mis colonos es mas feliz y mas poderoso que yo. ¿Ves esa legion de criados que pueblan mi casa y mis dependencias? Pues de nada me sirven, mientras que mis rentas les sirven á ellos para gozar una vida regalada. ¿Miras ese secretario que me manifiesta tanto interés y aficcion? Pues ese publica mis debilidades, desacredita mi conducta y me impide con sus consejos caminar al arreglo de mi casa. ¿Ese majordomo tan fiel, tan desinteresado, que á una lijera insinuacion mia corre á buscarme fondos con que satisfacer mis invencibles caprichos? Pues ese me presta á un interés enorme los productos de mis mismas posesiones. ¿Esos administradores avaros que hacen que los tristes colonos maldigan mi nombre bajo el cual se ven acosados sin piedad? Pues esos son otros tantos señores con quienes yo mismo tengo que transigir para cobrar lo que quieren pagarme. Por ultimo, mis haciendas, mis rentas, mis casas, mis salones, mis graneros, mi cocina, mis cuadras, todo es presa de esas plantas parasitas que se alimentan de lo que es mio, sin que pueda yo evitarlo por no chocar con la costumbre y aun con las ideas que recibí en la educacion.

El curioso parlante.

VERSION ARABE.

ذكر الخبر عن آل سكيه ملوك السودان

قال الامام التكروريّ في كتابه نصيحة اهل السودان ان آل سكيه اصلهم من صنهاجة وملكوا كثيرًا من بلاد السودان واوّل ملوكهم الحاجّ محمّد سكيه بضمّ السين وسكون الكاف بعدها ياء مفتوحة ثم تاء وكان الحاجّ محمّد المذكور رحل في اواخر المابة التاسعة الى مصر والحجاز بقصد حجّ بيت الله الحرام وزيارة قبر نبيّه عليه الصلاة والسلام ولقي بمصر الخليفة العبّاسي فطلب منه ان ياذن له في إمارة السودان وان يكون خليفةً له هنالك فعوّض له الخليفة العبّاسي النظر في امور تلك الاقاليم وجعله نائبًا عنه على من وراءه من المسلمين فعاد الحاجّ محمّد الى بلده وقام بين رياسته على القواعم الشرعيّة وجرى على منهاج اهل السنّة ولقي بمصر الامام شيخ الاسلام جلال الدين السيوطي فاخذ عنه عقايده وتعلّم منه الحلال والحرام وسمع منه جملًا من احكام الشريعة واحكامها وانتفع بوصاياه ومواعظه ورجع الى السودان ونصر السنّة واحيا طريف العمل وجرى على منهاج الخليفة العبّاسي في مفعله وملبسه وسائر امورة ومال للسيرة العربيّة وعدل عن سيرة العجم فصلحت الاحوال وبرئ جسد الرشاد هنالك من الداء العضال

THÈME COMMUN AUX TROIS LANGUES

(ALLEMAND, ITALIEN, ESPAGNOL).

L'ÉCOLE D'AUTREFOIS.

J'avais été élevé comme un véritable sauvage. Il est vrai qu'on m'avait envoyé à l'école, mais ce n'avait été que pour un mois; et, pendant ce mois, on ne m'avait pas mis un livre entre les mains, on ne m'avait parlé ni de lecture ni d'écriture, on ne m'avait donné aucune leçon de quelque genre que ce fût.

Il ne faut pas conclure de ce qui se passe actuellement dans les écoles que ce que je dis là est impossible. A l'époque dont je parle, il y avait un grand nombre de communes en France qui n'avaient pas d'écoles, et une partie de celles qui existaient étaient dirigées par des maîtres qui, pour une raison ou pour une autre, parce qu'ils ne savaient rien, ou parce qu'ils avaient autre chose à faire, ne donnaient aucun enseignement aux enfants qu'on leur confiait. Ils gardaient les enfants, croyant que c'était le principal.

C'était le cas du maître d'école de notre village. Étant de son véritable métier sabotier, c'était à ses sabots qu'il travaillait, et, du matin au soir, on le voyait faire voler autour de lui les copeaux de hêtre et de noyer. Jamais il ne nous adressait la parole, si ce n'est pour nous parler de nos parents, ou bien du froid, ou bien de la pluie; mais de lecture, de calcul, jamais un mot. Pour cela il s'en remettait à sa fille, qui était chargée de le remplacer et de nous faire la classe. Mais comme celle-ci, de son véritable métier, était couturière, elle faisait comme son père, et, tandis qu'il manœuvrait ses outils, elle poussait vivement son aiguille.

HECTOR MALOT, Sans famille.

THÈME ANGLAIS

LES FABLES.

Un enfant a commis une faute; il a menti. Vous lui dites : « Il ne faut pas mentir. » Vous ajoutez d'un ton grave, peiné : « Cela est vilain, cela est laid. » Et après? chercherez-vous à lui démontrer que le mensonge est contraire au principe de la morale? Il ne vous comprendrait pas; il ne vous écouterait pas; vous l'ennuieriez. Pour peu que vous connaissiez l'enfant, vous vous en apercevrez bien vite à cette petite mine plissée, à cette immobilité songeuse ou encore à ce besoin de vous échapper pour le mouvement et le jeu. Et cependant vous voudriez insister, lui faire comprendre qu'il ne vaut rien de mentir, lui mettre devant les yeux les fâcheuses conséquences du mensonge. Dites-lui : « Je vais te raconter une histoire, » et déjà son regard se tournera vers vous, ses traits se détendront : il sera prêt à écouter. Si vous savez vous y prendre, vous le tenez, il est à vous. Vous lui racontez qu'un enfant, un jour, par esprit de malice, pour déranger toute la maison, se mit à crier : *Au feu!* Toute la maison, en effet, accourut. Le lendemain, cet enfant, resté seul dans sa chambre, s'approche de la cheminée; ses vêtements s'enflamment; il crie : *Au feu!* Nul ne s'émeut; on croit encore qu'il ment; il meurt brûlé dans d'atroces souffrances. Or, cela est une fable, à prendre le mot dans son sens étymologique, c'est-à-dire un récit : j'ajoute un récit inventé, comme nous entendons la fable, dans le dessein d'en faire sortir une leçon.

Il arrive qu'à la longue ces histoires, où l'on met toujours en scène des enfants, ont quelque chose de forcé, qu'on y sent l'artifice; eh bien, élargissez le cercle; montrez à l'enfant des hommes en action; l'enfant est destiné à devenir un homme : alors ce ne sera plus un enfant criant : *Au feu!* mais un berger criant : *Au loup!* Vous connaissez la fable.

E. ANTHOINE, A travers nos écoles.

THÈME ARABE.

Le combat de Bedr, qui fonda la puissance de Mahomet et prépara le triomphe de sa doctrine, fut livré le 17 du mois de ramadhan, dans la seconde année de l'hégire. Soixante-dix Koréïchites furent tués sur le champ de bataille, et un nombre égal fut fait prisonnier. Les musulmans n'avaient perdu en tout que quatorze combattants, six Mohadjériens et huit Ansars. Les cadavres des Koréïchites furent traînés, par ordre de Mahomet, auprès du puits de Bedr et jetés au fond de l'eau : « Indignes compatriotes d'un prophète, » s'écriait-il pendant qu'on les ensevelissait ainsi sous les ondes, « vous m'avez traité d'imposteur, d'autres ont cru à ma mission. Vous m'avez chassé de ma patrie, vous vous êtes armés contre moi; d'autres m'ont accueilli et ont pris ma défense. » Après trois journées de séjour sur le champ de bataille, pendant lesquelles Mahomet régla le partage du butin, qui avait excité des querelles parmi ses soldats, il reprit le chemin de Médine.

COMPOSITION EN LANGUE ÉTRANGÈRE.

(3 heures.)

(Sujet commun aux cinq langues : anglais, allemand, italien, espagnol, arabe.)

Raconter, d'après La Fontaine, la fable « Le Laboureur et ses enfants » et développer l'enseignement contenu dans les deux premiers vers :

> Travaillez, prenez de la peine,
> C'est le fonds qui manque le moins.

RÉDACTION EN FRANÇAIS

SUR UNE QUESTION
DE MÉTHODE D'ENSEIGNEMENT DES LANGUES VIVANTES

(3 heures.)

(Sujet commun aux quatre langues : anglais, allemand, italien, espagnol.)

Par quels exercices faut-il commencer l'étude d'une langue étrangère avec une classe d'élèves ne connaissant que leur langue maternelle?

SUJET SPÉCIAL A LA LANGUE ARABE.

Convient-il d'enseigner simultanément l'arabe vulgaire et l'arabe littéral, ou vaut-il mieux séparer complètement l'une de l'autre, dans l'étude, ces deux formes de la langue arabe?

Indiquer le système que l'on adopte et en faire ressortir les avantages.

X

EXAMENS

DU CERTIFICAT D'APTITUDE

À L'ENSEIGNEMENT DU CHANT

DANS LES ÉCOLES NORMALES

ET LES ÉCOLES PRIMAIRES SUPÉRIEURES.

———

(25 juillet 1887.)

Sujets communs aux aspirants et aux aspirantes.

I

RÉDACTION

SUR UNE QUESTION D'ENSEIGNEMENT MUSICAL.

Quels sont les caractères qui définissent un bon *chant scolaire ?* Quelles raisons guideront votre choix pour ceux qui conviennent aux cours *élémentaires* et pour ceux qui conviennent aux cours *supérieurs* des écoles primaires ?

Donner des exemples.

II

DICTÉE MUSICALE.

III

RÉALISATION, À QUATRE PARTIES,

D'UNE BASE CHIFFRÉE ET D'UN CHANT DONNÉS.

XI

CONCOURS

POUR L'OBTENTION DES BOURSES DE SÉJOUR À L'ÉTRANGER.

(25 juillet 1887.)

I

(Élèves des écoles primaires supérieures.)

COMPOSITION FRANÇAISE.

(3 heures.)

SUJET COMMUN AUX DEUX LANGUES (ANGLAIS ET ALLEMAND).

Expliquez et développez cette pensée : « L'adversité est la pierre de touche où l'amitié s'éprouve. »

THÈME [1].

SUJET COMMUN AUX DEUX LANGUES (ALLEMAND ET ANGLAIS).

INVITATION POUR LA VENDANGE.

Mon cher Charles,

C'est lundi matin que nous commençons à vendanger. Tu viendras, n'est-ce pas? J'ai demandé à mes parents la permission de t'inviter, et ils me l'ont accordée avec grand plaisir. Mon père

---

[1] Trois heures sont accordées pour les deux épreuves de thème et de version réunies.

a engagé une quinzaine de travailleurs, de travailleurs sérieux parmi lesquels nous ne comptons pas. Il te faudra arriver dimanche soir, car lundi matin, de très bonne heure (on parle de quatre heures), vendangeurs, chevaux, voitures, tonneaux et paniers se mettront en route. A six heures, nous serons aux vignes et la cueillette commencera. Tu sais qu'en vendangeant il n'est défendu ni de rire ni de manger du raisin. A midi, nous déjeunerons; la table sera mise par terre, sur le gazon, auprès d'une petite source très fraîche : ce sera charmant. Comment pourrais-tu ne pas venir, après que je t'ai fait le détail de tous nos amusements? Embrasse tes parents pour moi.

Ton bon camarade,

Robert.

VERSION ANGLAISE.

It would be an extremely profitable thing to draw up a short and well authenticated account of the habits of study of the most celebrated writers with whose style of literary industry we happen to be most acquainted. It would go very far to destroy the absurd and pernicious association of genius and idleness, by showing men that the greatest poets, orators, statesmen, and historians — men of the most brilliant and imposing talents — have actually laboured as hard as the makers of dictionaries and the arrangers of indices, and that the most obvious reason why they have been superior to other men is that they have taken more pains than other men.

Gibbon was in his study every morning, winter and summer, at six o'clock; Burke was the most laborious and indefatigable of human beings; Leibnitz was never out of his library; Pascal killed himself by study; Cicero narrowly escaped death by the same cause; Milton was at his books with as much regularity as a merchant or an attorney — he had mastered all the knowledge of his time; so had Homer.

Sydney Smith.

VERSION ALLEMANDE.

DIE FRÜHE FRUCHT.

Ein junger Fürst traf, als er einst auf der Jagd sich belustigte, einen alten Mann an, der den Boden aufgrub, um einen Nussbaum zu pflanzen. «Welch ein Thor!» sagte der Fürst zu seinen Begleitern; «er thut als ob er ein Jüngling wäre, und die Früchte von diesem Baume einst geniessen sollte.» — Da seine Gefährten gleichfalls über den Alten lachten, ging der Fürst auf ihn zu und fragte: «Wie viel Jahre zählst du, Alter?» — «Ueber achtzig, Herr!» war die Antwort. — «Wie lange gedenkst Du noch zu leben?» sprach der Fürst weiter, «dass du in solchem Alter noch Bäume pflanzest, die so spät erst Frucht tragen!» — «Herr,» antwortete der Alte, «ich bin zufrieden, wenn ich die Bäume gepflanzt habe, ohne mich darum zu bekümmern, ob ich oder ein Anderer die Früchte derselben geniessen werde. Es ist billig, dass wir thun, wie unsere Väter thaten. Auch sie pflanzten Bäume, deren Früchte wir nun essen. Sollten wir gegen unsere Nachkommen liebloser sein, als man gegen uns gewesen ist? Ich hoffe, dass mein Sohn einst ernten wird, was sein Vater nicht geniesst.»

Der Fürst, den diese Rede des Alten überrascht hatte, nöthigte ihn, ein Geschenk zum Andenken von ihm anzunehmen. «Wer kann sagen,» fuhr der Alte fort, «dass ich heute vergeblich gearbeitet habe, da der junge Baum, den ich gepflanzt, sogleich am ersten Tage so reiche Früchte getragen hat.» So ist und bleibt es wahr : «Wer Gutes thut, wird immer reichlich belohnt dafür.»

Étienne Born.

II

**(Professeurs d'école normale et candidats pourvus
du diplôme de professeur.)**

THÈME.

(3 heures.)

———

SUJET COMMUN AUX DEUX LANGUES (ANGLAIS ET ALLEMAND).

———

Chacun de nous ne sait-il pas ce que c'est que la caisse d'épargne, celle de l'école, qui est le commencement, et l'autre, qui est la suite? On y met des centimes et des sous; on y retrouve des francs et des pièces d'or. On s'est privé par ci par là d'une friandise, et l'on est tout étonné, un beau jour, de s'être constitué un trésor avec lequel on pourra s'établir et acheter des outils.

Eh bien, il y a un capital plus précieux que celui qui consiste en pièces d'or : c'est le trésor des bonnes habitudes. Il y a une épargne plus importante que celle de l'argent : c'est l'épargne du temps.

Faire son devoir; le faire tous les jours et dans les petites choses comme dans les grandes; ne jamais perdre un de ces instants dont se composent les journées : voilà le grand art qu'il faut apprendre. Les hommes diffèrent moins entre eux par les facultés qu'ils ont reçues de la nature que par l'emploi qu'ils en font. «Si vous aimez la vie, disait Franklin, ne perdez pas le temps, car c'est l'étoffe dont la vie est faite.» Le temps perdu ne se rattrape pas; l'heure écoulée ne revient pas. On ne peut suppléer en aucune façon à ce qu'on a omis de faire quand il le fallait. Ce que vous remettez au lendemain vous coûtera plus de peine, car chaque instant de retard diminue votre courage. Si vous étiez peu disposé à agir aujourd'hui, vous le serez encore moins demain. Et pourquoi souhaiter un temps meilleur et rester à l'attendre? C'est en profitant du temps qu'on le rend meilleur.

VERSION ANGLAISE.

(3 heures.)

MARTIN POYSER'S FARM-YARD AFTER A SHOWER.

Plenty of life there! though this is the drowsiest time of the year, just before hay-harvest; and it is the drowsiest time of the day too, for it is close upon three by the sun, and it is half-past three by Mrs. Poyser's handsome eight-day clock. But there is always a stronger sense of life when the sun is brilliant after rain; and now he is pouring down his beams, and making sparkles among the wet straw, and lighting up every patch of vivid green moss on the wet tiles of the cow-shed, and turning even the muddy water that is hurrying along the channel to the drain into an mirror for the yellow-billed ducks, who are seizing the opportunity of getting a drink with as much body in it as possible. There is quite a concert of noises : the great bull-dog, chained against the stables, is thrown into furious exasperation by the unwary approach of a cock too near the mouth of his kennel, and sends forth a thundering bark, which is answered by two foxhounds shut up in the opposite cow-house; the old top-knotted hens scratching with their chicks among the straw, set up a sympathetic croaking as the discomfited cock joins them; a sow with her brood throws in some deep notes; our friends the calves are bleating from the home croft; and, under all, a fine ear discerns the continuous hum of human voices.

George ELIOT.

VERSION ALLEMANDE.

(3 heures.)

—

DIE BELAGERUNG VON VERDUN UND BEAUREPAIRE'S AUFOPFERUNG.

Gegen Mittag wurde die Stadt zum zweiten Mal aufgefordert und erbot sich vier und zwanzig Stunden Bedenkzeit. Diese nutzten auch wir, uns etwas bequemer einzurichten, um zu proviantiren, die Gegend umher zu bereiten, wobei ich denn nicht unterliesz, mehrmals zu der unterrichtenden Quelle zurückzukehren, wo ich meine Beobachtungen ruhiger und besonnener anstellen konnte; denn das Wasser war rein ausgefischt und hatte sich vollkommen klar und ruhig gesetzt, um das Spiel der niedersinkenden Flämmchen nach Lust zu wiederholen, und ich befand mich in der angenehmsten Gemüthsstimmung. Einige Unglücksfälle versetzten jedoch uns wieder bald in Kriegszustand. Ein Offizier von der Artillerie suchte sein Pferd zu tränken; der Wassermangel in der Gegend war allgemein; meine Quelle, an der er vorbeiritt, lag nicht flach genug; er begab sich nach der nahe flieszenden Maas, wo er an einem abhängigen Ufer versank; das Pferd hatte sich gerettet, ihn trug man todt vorbei.

So ging auch dieser Tag hin; am andern Morgen ergab sich die Stadt und ward in Besitz genommen; sogleich aber sollte uns ein republikanischer Charakterzug begegnen. Der Kommandant Beaurepaire, bedrängt von der bedrängten Bürgerschaft, die bei fortdauerndem Bombardement ihre ganze Stadt verbrannt und zerstört sah, konnte die Uebergabe nicht länger verweigern; als er aber auf dem Rathhaus in voller Sitzung seine Zustimmung gegeben hatte, zog er ein Pistol hervor und erschosz sich, um abermals ein Beispiel höchster patriotischer Aufopferung darzustellen.

GOETHE.

RÉDACTION EN LANGUE ÉTRANGÈRE [1].

(3 heures.)

SUJET COMMUN AUX DEUX LANGUES (ANGLAIS ET ALLEMAND).

De l'utilité des voyages.

[1] L'usage du dictionnaire n'est pas autorisé pour cette épreuve.

XII

EXAMENS

DU CERTIFICAT D'APTITUDE
À L'ENSEIGNEMENT DU TRAVAIL MANUEL

DANS LES ÉCOLES NORMALES

ET LES ÉCOLES PRIMAIRES SUPÉRIEURES.

———

(27 juillet 1887.)

I

Aspirants.

DESSIN GÉOMÉTRIQUE.

(3 heures.)

1° Faire en un croquis coté, et sur papier mesurant $0^m,25 \times 0^m,33$, le relevé du modèle portant le n° 2769 du catalogue de l'École nationale des beaux-arts (n° 21 de la collection réduite choisie pour les écoles normales, circulaire du 1er mai 1883) et intitulé : *Chapiteau dorique* (Théâtre de Marcellus, à Rome).

2° Donner, en se servant du croquis exécuté dans la précédente épreuve, le plan, la coupe et l'élévation du même modèle à l'échelle de $0^m,20$ pour un mètre.

Ce dernier dessin sera exécuté au trait, à l'encre de Chine, sur une feuille de 1/4 grand aigle.

ÉPREUVE DE MODELAGE.

(4 heures.)

Faire le modelage et la mise au point élémentaire du modèle portant le n° 1097 du catalogue de l'École nationale des beaux-arts et le n° 15 de la collection réduite choisie pour les écoles normales primaires, et intitulé : *Frise du Capitole* (fragment n° 2).

EXÉCUTION, D'APRÈS UN CROQUIS COTÉ,

D'UNE PIÈCE EN BOIS OU EN FER.

(4 heures.)

I. FER.

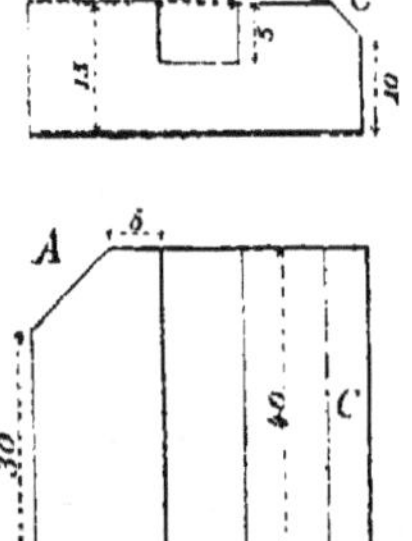

Toutes les faces après avoir été burinées seront dressées, d'abord à la lime d'Allemagne, ensuite à la lime bâtarde (traits croisés).

La saignée centrale et le chanfrein C seront bruts de burin.

L'angle A après avoir été abattu et dressé sera achevé à la lime douce.

Nota. — Il sera tenu compte d'une deuxième saignée en croix sur la première.

II. BOIS.

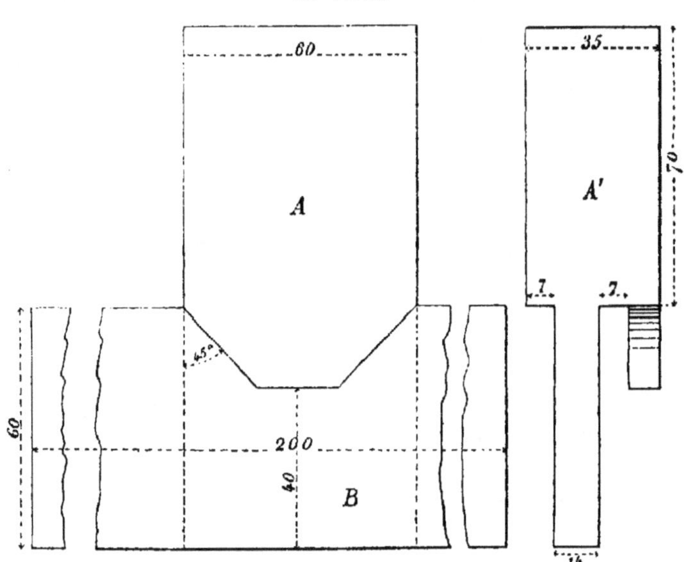

Assemblage à barbe et ravancement d'onglet à un seul parement.

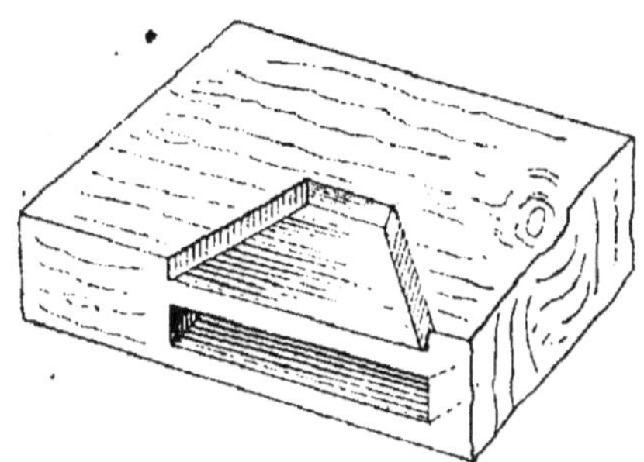

Perspective cavalière de la pièce B.

Le candidat refendra, d'abord sur plat, la pièce de bois qu'il a reçue. Il dressera et corroiera une des moitiés pour en tirer son assemblage. Il aura la faculté de recourir à la seconde moitié s'il manque la première exécution, mais sans pouvoir dépasser la limite de quatre heures.

EXÉCUTION, D'APRÈS UN MODÈLE,

D'UN OBJET SIMPLE AU TOUR EN BOIS.

(3 heures.)

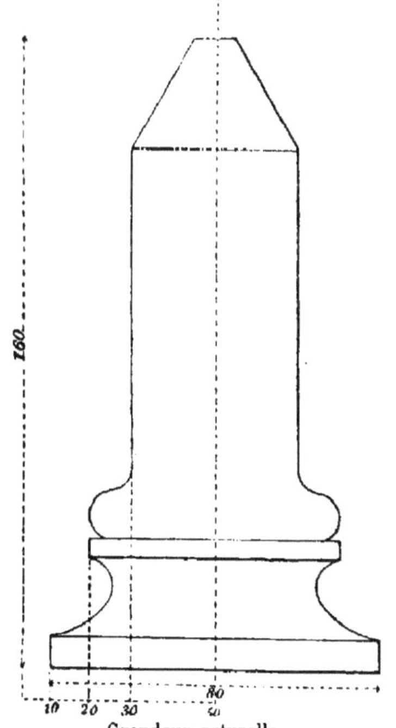

Grandeur naturelle.

Porte-thermomètre comprenant :

Cône tronqué, cylindre, cavet, tore, filet cylindrique, gorge en scotie ou en arc rampant, base cylindrique.

Les candidats sont invités à construire géométriquement sur un carton qui leur sera fourni le *gabarit* de la scotie ou de l'arc rampant, à leur choix.

Ils le joindront à leur exécution.

II

Aspirantes.

COMPOSITION

SUR UNE QUESTION D'ÉCONOMIE DOMESTIQUE.

(3 heures.)

Étant donné un ménage d'employé demeurant dans une ville et disposant d'un revenu de 5,000 francs par an pour une famille de cinq personnes, comment la maîtresse de maison organisera-t-elle son budget pour utiliser ses ressources de la façon la plus satisfaisante pour la santé et le bien-être des siens?

L'aspirante développera les raisons qui justifient l'organisation qu'elle propose.

DESSIN D'ORNEMENT

APPLIQUÉ AUX TRAVAUX À L'AIGUILLE.

Ornementation d'un coussin en drap avec motif de milieu composé des initiales ornées R. F. destinées à être brodées au passé.

La bordure formant cadre sera composée de feuilles et de fleurs au choix de l'aspirante.

Il suffira d'exécuter un angle de la bordure.

Le dessin sera exécuté sur demi-feuille de papier Ingres blanc et le coussin mesurera o^m,28 sur o^m,35.

XIII

CONCOURS D'ADMISSION

À L'ÉCOLE NORMALE PRIMAIRE SUPÉRIEURE

D'INSTITUTRICES DE FONTENAY-AUX-ROSES.

(Aspirantes aux fonctions de directrice d'école normale.)

(1ᵉʳ août 1887.)

PREMIER SUJET.

(5 heures.)

Jusqu'où s'étend le pouvoir de l'éducation, soit pour former le jugement, soit pour réformer le caractère?

DEUXIÈME SUJET.

(4 heures.)

Des deux enseignements de morale, celui de l'école normale et celui de l'école primaire, lequel vous paraît le plus difficile; et pourquoi?

TROISIÈME SUJET.

(4 heures.)

Que vaut, appliqué aux élèves des écoles normales, le système des *notes moyennes hebdomadaires* fondées sur les notes quotidiennes de classe, et des *notes moyennes annuelles* fondées sur les notes hebdomadaires, et servant à déterminer le classement définitif de sortie?

XIV

EXAMENS

DU CERTIFICAT D'APTITUDE

AUX FONCTIONS D'ÉCONOME

DANS LES ÉCOLES NORMALES

D'INSTITUTEURS ET D'INSTITUTRICES.

———

(8 septembre 1887.)

CERTIFICAT D'APTITUDE

AUX FONCTIONS D'ÉCONOME

DANS LES ÉCOLES NORMALES

D'INSTITUTEURS ET D'INSTITUTRICES.

(3 heures.)

1° Donner le menu d'une semaine pour la table des élèves et celle des maîtres ou maîtresses. Exposer les raisons de la composition de ce menu, et établir, par des chiffres et pour chaque jour, la dépense réelle par personne.

2° De la surveillance à exercer par l'économe sur les domestiques.

XV

EXAMENS

DU CERTIFICAT D'APTITUDE
À L'INSPECTION DES ÉCOLES PRIMAIRES,
ET À LA DIRECTION DES ÉCOLES NORMALES D'INSTITUTEURS.

(22 septembre 1887.)

PÉDAGOGIE.

(5 heures.)

Un pédagogue contemporain a dit : « Il y a pour un institu-teur deux sujets à étudier : les enfants et lui-même ; deux choses à accomplir : leur éducation et la sienne. » — Développer cette pensée et en tirer des conclusions pratiques.

ADMINISTRATION SCOLAIRE.

(5 heures.)

Établir en quelles circonstances et par qui, sous la législation actuelle, il peut être interjeté appel : 1° devant le Ministre ; 2° devant le Conseil supérieur ; 3° devant le Conseil départe-mental. — Procédure. — Formation des dossiers. — Réflexions.

XVI

EXAMENS DE LA DÉLÉGATION

DANS LES FONCTIONS DE MAÎTRE ADJOINT

DES ÉCOLES NORMALES D'INSTITUTEURS.

(ORDRE DES LETTRES.)

———

(5 décembre 1887.)

LITTÉRATURE.

(4 heures.)

Dans ses *Observations sur le Cid*, Scudéry reproche à la pièce de Corneille : 1° de manquer d'invention ; 2° de n'avoir ni intrigue, ni nœud, ni dénouement ; 3° d'être immorale.

Sur quoi reposent les critiques de Scudéry, et comment les appréciez-vous ?

HISTOIRE ET GÉOGRAPHIE.

(5 heures.)

I. Exposez le caractère et le rôle des assemblées politiques et militaires dans l'ancienne Gaule et dans la Gaule franque sous la première et la seconde race.

II. Géographie physique du plateau central français. Faire le croquis.

PÉDAGOGIE.

(4 heures.)

On admet généralement qu'un père ne saurait être un bon instituteur pour son fils.

Sur quelles raisons cette opinion se fonde-t-elle et quel est votre avis ?

XVII

STATISTIQUE.

—

RÉSULTATS DES EXAMENS DE L'ENSEIGNEMENT PRIMAIRE.

ANNÉE 1887.

DÉSIGNATION DES EXAMENS.	QUI ONT PRIS PART à l'examen.	ASPIRANTS — ADMISSIBLES.	ASPIRANTS — DÉFINITIVEMENT admis.	ASPIRANTS — PROPORTION p. 100 entre le nombre des aspirants présentés et celui des admis.	ASPIRANTES — QUI ONT PRIS PART à l'examen.	ASPIRANTES — ADMISSIBLES.	ASPIRANTES — DÉFINITIVEMENT admises.	ASPIRANTES — PROPORTION p. 100 entre le nombre des aspirantes présentées et celui des admises.
Certificat d'aptitude à l'inspection des écoles maternelles.	»	»	»	»	13	9	7	53
Professorat des écoles normales et des écoles primaires supérieures. — Session de juin 1887. — Examen complet. — Lettres.	207	54	27	13	113	59	41	36
Session de juin 1887. — Examen complet. — Sciences.	208	62	19	9	71	35	28	39
Session de juin 1887. — Examen restreint. — Lettres.	19	»	11	57	10	»	8	80
Session de juin 1887. — Examen restreint. — Sciences.	29	»	21	72	9	»	»	»
Session supplémentaire d'oct. 1887. — Examen restreint. — Lettres.	29	»	11	37	14	»	3	21
Session supplémentaire d'oct. 1887. — Examen restreint. — Sciences.	17	»	8	46	4	»	3	75
Certificat d'aptitude à l'enseignement du dessin.	107	12	5	4	106	24	22	20
Concours pour l'admission à l'École normale primaire supérieure de Saint-Cloud. — Lettres.	54	25	10	18	»	»	»	»
Concours pour l'admission à l'École normale primaire supérieure de Saint-Cloud. — Sciences.	96	13	10	10	»	»	»	»
Concours pour l'admission à l'école Pape-Carpantier.	»	»	»	»	21	10	6	28
Concours pour l'admission à l'École normale primaire supérieure de Fontenay-aux-Roses. — Lettres.	»	»	»	»	62	28	16	25
Concours pour l'admission à l'École normale primaire supérieure de Fontenay-aux-Roses. — Sciences.	»	»	»	»	70	41	14	30
Certificat d'études primaires supérieures.	1,353	»	800	59	605	»	422	69
Certificat d'aptitude à la direction des écoles normales d'institutrices.	»	»	»	»	29	17	15	53
Certificat d'aptitude à l'enseignement des langues vivantes. — Allemand.	33	16	13	39	14	2	1	7
Langues vivantes. — Anglais.	30	7	3	10	36	11	6	16
Langues vivantes. — Arabe.	»	»	»	»	»	»	»	»
Langues vivantes. — Espagnol.	2	»	»	»	1	1	1	100
Langues vivantes. — Italien.	»	»	»	»	2	»	»	»
Certificat d'aptitude à l'enseignement du chant.	45	23	20	44	47	19	19	40
Bourses de séjour à l'étranger. — Professeurs d'écoles normales. — Allemand.	4	»	4	100	»	»	»	»
Bourses de séjour à l'étranger. — Professeurs d'écoles normales. — Anglais.	2	»	1	50	»	»	»	»
Bourses de séjour à l'étranger. — Élèves des écoles primaires supérieures. — Allemand.	11	»	3	37	»	»	»	»
Bourses de séjour à l'étranger. — Élèves des écoles primaires supérieures. — Anglais.	16	»	6	37	»	»	»	»
Certificat d'aptitude à l'enseignement du travail manuel.	32	»	26	81	9	»	4	44
Délégation dans les fonctions d'économe des écoles normales.	26	»	9	34	12	»	9	75
Certificat d'aptitude à l'inspection primaire.	172	44	23	13	»	»	»	»

Fascicule n° 12.

La philosophie et l'éducation; Descartes et le XVIII° siècle, par Georges Lyon.

Fascicule n° 13.

Conférence sur l'histoire de l'art et de l'ornement, par Edmond Guillaume.

Fascicule n° 14.

Les écoles industrielles à l'étranger, d'après les rapports de MM. Salicis et Jost.

Fascicule n° 15.

Les boursiers de l'enseignement primaire à l'étranger, par Jost et Bonet-Maury.

Fascicule n° 16.

Écoles d'enseignement primaire supérieur. Historique et législation.

Fascicule n° 17.

Rapport sur l'instruction publique à l'exposition universelle de la Nouvelle-Orléans, par B. Buisson.

Fascicule n° 18.

De projet de loi sur l'organisation de l'enseignement primaire (1886), recueil de documents parlementaires relatifs à la discussion de cette loi à la Chambre des députés. Un volume in-8° de 308 pages. Prix. . . . . 1ᶠ 75ᶜ.

Fascicule n° 19.

Les colonies de vacances, par M. W. Bion.

Fascicule n° 20.

Règlements organiques de l'enseignement primaire.

Fascicule n° 21.

Catalogue des bibliothèques scolaires.

Fascicule n° 22.

Catalogue des bibliothèques pédagogiques. (En préparation.)

Fascicule n° 23.

Catalogue des lectures récréatives pour les veillées de l'école et de la famille. (En préparation.)

Fascicule n° 24.

Catalogue des périodiques scolaires de tous les pays. (En préparation.)

Fascicule n° 25.

Résumé du Répertoire des ouvrages pédagogiques au XVI° siècle.

Fascicule n° 26.

Le phonétisme au congrès de Stockholm, par M. Paul Passy.

Fascicule n° 27.

Règlements relatifs à la création et à l'installation des écoles publiques.

Fascicule n° 28.

Pestalozzi, étude, par M. Hérisson.

Fascicule n° 29.

Le certificat d'aptitude pédagogique, par M. Berger.

Fascicule n° 30.

Le certificat d'études primaires supérieures.

Fascicule n° 31.

La bibliothèque circulante du musée pédagogique.

Fascicule n° 32.

Les bibliothèques des écoles normales d'instituteurs et d'institutrices : Catalogues, relevés statistiques, Conseils et Direction.

Fascicule n° 33.

Deux lettres ministérielles aux instituteurs de France. (Préface de M. Pécaut.)

Fascicule n° 34.

Enseignement de l'agriculture.

Fascicule n° 35.

Instruction spéciale sur l'enseignement du dessin, par M. Keller.

Fascicule n° 36.

Bourses de l'enseignement primaire supérieur.

Fascicule n° 37.

Résumé des états de situation de l'enseignement primaire pour l'année scolaire 1885-1886.

Fascicule n° 38.

L'exposition scolaire de 1889.

Fascicule n° 39.

Extraits d'Horace Mann, avec notice, par M. Gaufrès. (Sous presse.)

Fascicule n° 40.

Décrets, arrêtés, circulaires et décisions ministérielles pour l'application de la loi du 30 octobre 1886 et des règlements organiques du 18 janvier 1887.

Fascicule n° 41.

L'Algérie : Lois et règlements scolaires.

Fascicule n° 42.

Les auteurs du brevet supérieur, par Mlle S. R. (Sous presse.)

Fascicule n° 43.

Le cahier des devoirs mensuels. (Sous presse.)

Fascicule n° 44.

L'histoire des mots, par Michel Bréal.

Fascicule n° 45.

Étude sur les mots, par Littré, avec préface de Michel Bréal. (Sous presse.)

Fascicule n° 46.

Écoles manuelles d'apprentissage et écoles professionnelles. (Sous presse.)

Fascicule n° 47.

Sujets de composition des brevets de capacité en 1887.

Fascicule n° 48.

Titres et brevets de capacité : Règlements en vigueur et modifications proposées. (Sous presse.)

Fascicule n° 49.

L'enseignement de la gymnastique dans les établissements d'enseignement primaire.

Fascicule n° 50.

Projet de loi sur les dépenses ordinaires de l'enseignement primaire et les traitements du personnel : Textes du projet du Gouvernement et du projet de la Commission.

Fascicule n° 51.

Projet de loi sur les dépenses de l'instruction primaire et sur les traitements ordinaires de ce service, recueil de documents parlementaires relatifs à la discussion de cette loi à la Chambre des députés.